TIN SPERANSA

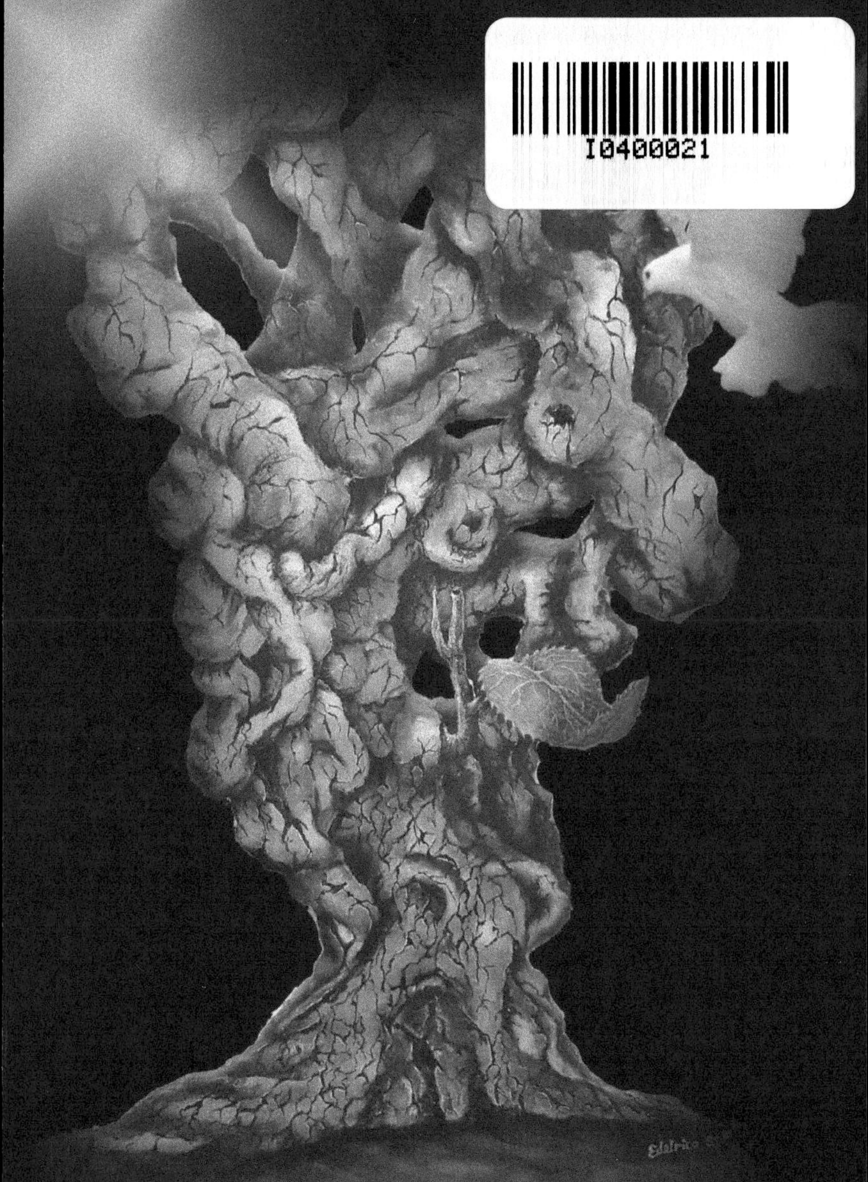

EDELMIRA KOKO-RICARDO

Copyright © 2022
Tin Speransa
by
Edelmira A. Koko-Ricardo
All rights reserved. This book or any element thereof
might not be reproduced or utilized in any way whatsoever
with out the specific written permission of the publisher
besides for the usage of short quotations in a book review.

ISBN: 978-1-7379647-5-9

Printed in Curaçao

CONTENIDO

INTRODUKSHON:	4
INSPIRÁ PA E HISTORIA DI SHANA	6
NO POR TA BÈRDAT!!	8
TA BO FALTA	12
MI STRATEGIA	16
MI TA KLA	20
BO LUGÁ	24
AWANAN DI WOWO	28
LAGA LÒS.......	32
PROFUNDIDAT	36
MI NO POR MAS	40
MI ERENSIA	44
BISTA ÒF FE?	50
PAS	54

INTRODUKSHON:

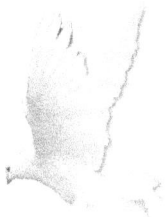

E meta prinsipal di e kolekshon di poemanan akí ta pa hasi abo ku a, òf ta eksperensiando doló i sufrimentu, rabia, lucha òf depreshon pa motibu di kualke pèrdida, konsiente; ku maske kon skur i sin salida bo situashon por parse den bo wowonan, tòg... TIN SPERANSA.

Segun bo ta lesa i meditá riba kada palabra skirbí, lo bo enkontrá E YABI.
I ku un kurason yen di fe i speransa mi ta konfia ku lo bo usa E YABI, pa asina transformá bo pèrdida den bo ganashi i lo bo ta di gran bendishon pa otronan ku lo haña nan den e mesun situashon ku abo a pasa aden.

Edelrico SS

INSPIRÁ PA E HISTORIA DI SHANA

*"E ta kima dor di mi manteka
di wesu,
ta penetrá dor di mi alma
i ta mishi ku mi spiritu.
E ta afektá ken mi ta di bèrdat
i ta pusha mi den ken mi ta
bira.
E ta laga mi paralisá ku miedu i
bèrgwensa.
M'a pèrdè mi inosensia….
muchu tempran."*

- Sydelle Ricardo-

NO POR TA BÈRDAT!!

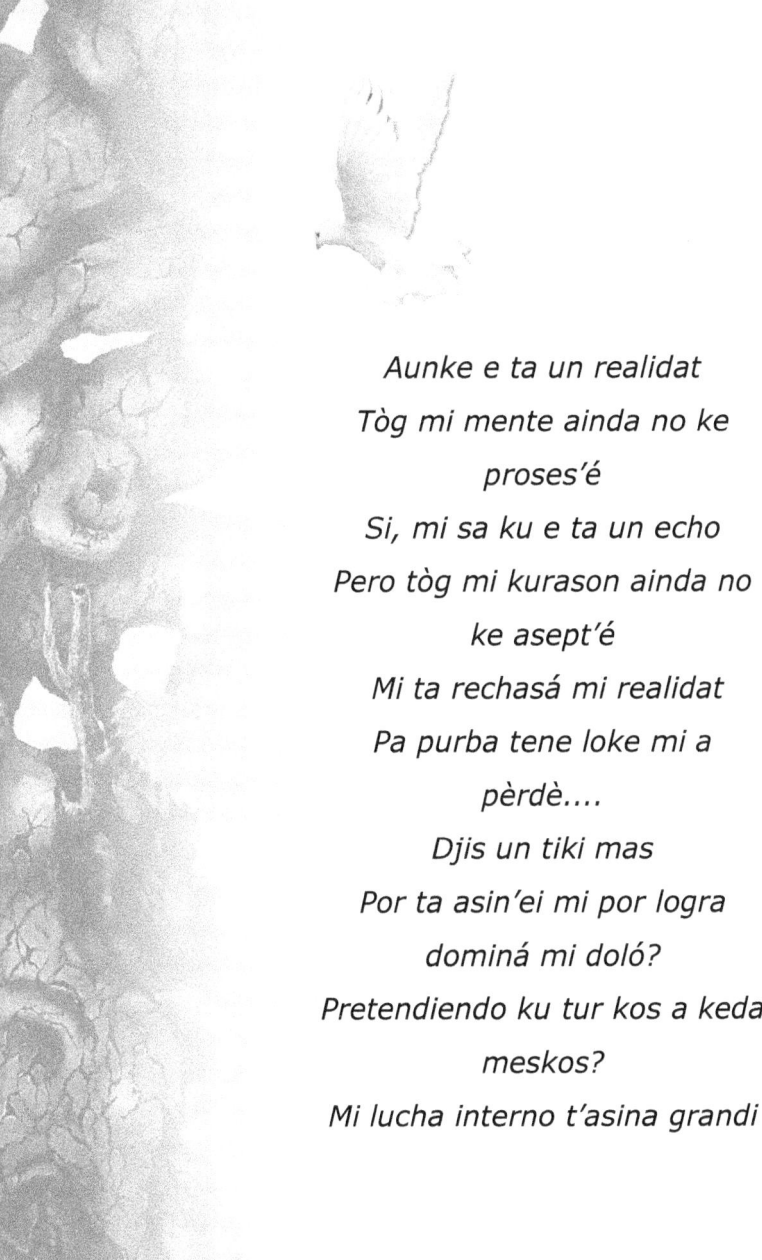

Aunke e ta un realidat
Tòg mi mente ainda no ke proses'é
Si, mi sa ku e ta un echo
Pero tòg mi kurason ainda no ke asept'é
Mi ta rechasá mi realidat
Pa purba tene loke mi a pèrdè....
Djis un tiki mas
Por ta asin'ei mi por logra dominá mi doló?
Pretendiendo ku tur kos a keda meskos?
Mi lucha interno t'asina grandi

*Tin ora mi pretenshon
ta gana......
Pero un ta dura muchu ku e
realidat
Ta bolbe gana mi
Mi desesperashon ta krese
I bira kada dia mas grandi
Anto temor konstantemente ta
asotá mi
Mi t'un prizonero di mi mes
situashon
Anto mi no tin e yabi di mi mes
prisòn*

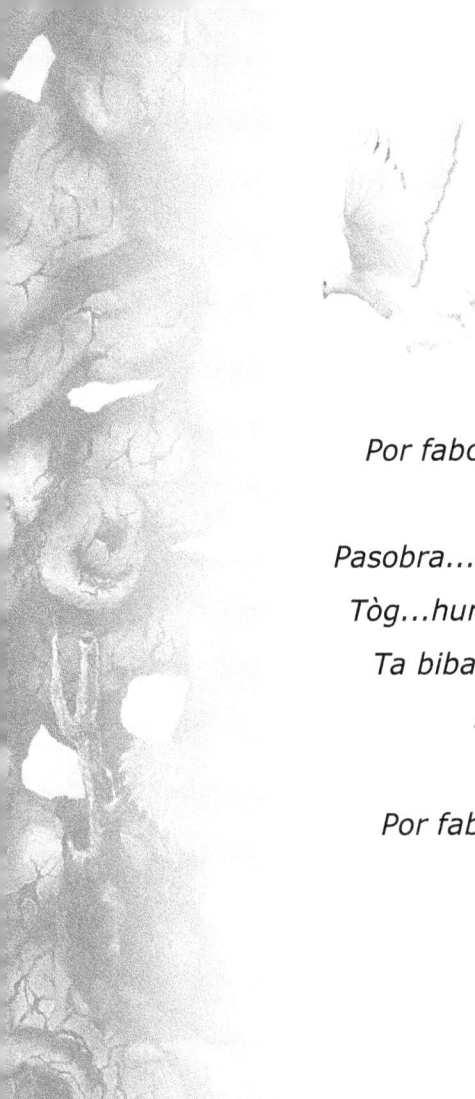

Por fabor!..yuda mi buska
e yabi
Pasobra...maske e no ta parse
Tòg...hundu den mi kurason
Ta biba e deseo grandi...
ku un dia..
lo mi sali
Por fabor yuda mi buska
e yabi

Mi yabi...

TA BO FALTA

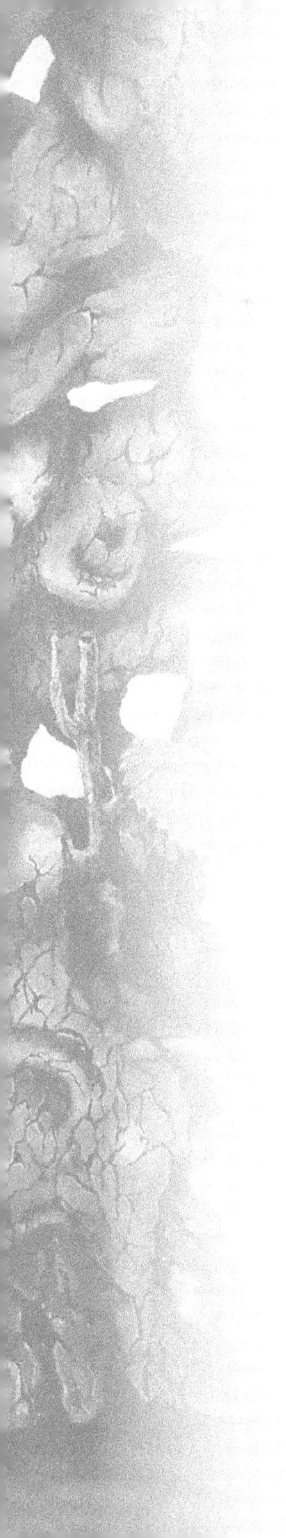

Den mi mente.......
Abundansia di pensamentunan
Ta tuma turno
I mi no ta kapas pa kontrolá...
ni unu
A traves dje kanal di
desesperashon
Nan ta baha bai abou
I tuma kòntròl... di mi kurason
Manera simia sembrá den
bon tera
Nan ta spreit i pari un fruta
Ku ta venená henter mi
kurpa....RABIA!!

Sano huisio i konsenshi
Purá ta hasi un esfuerso pa bin yuda mi, pero.....
Ya ta lat, mi spiritu ta hopi suak
Mi no tin forsa mental ni korporal. T'esaki..... ta mi final?
Rabia ta pone mi tira falta
Riba hende i sirkunstansia
Den mi rabia mi ta kuestioná......

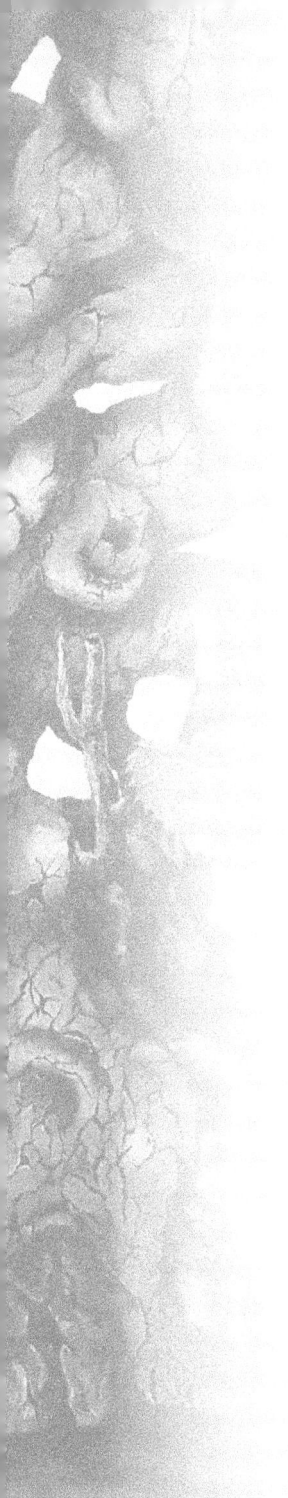

Asta Dios Su amor i Su grasia
Rabia tin mi enkadená i mi no
sa unda e yabi dje kandal ta
Por fabor!..yuda mi buska e
yabi

Pasobra…maske e no ta parse
Tòg…den profundidat di mi ser
Mi alma ta anhelá… pa un dia..
mi wòrdu liberá
Por fabor yuda mi buska e yabi
Mi yabi…….

MI STRATEGIA

E loke mi sa bon bon ku a tuma lugá
Di tur forma mi a purba rechasá
Te ora mi a bin realisá
Ku mi esfuerso lo no wòrdu rekompensá
N'e momento ei den skuridat di mi alma
Rabia a wòrdu engendrá
I mi tabata sigur ku ora mi a ekspres'é
Mi hamber pa hustisia lo a wòrdu satisfasé
Sinembargo loke mi a eksperensiá tabata traishon un biaha mas

Mi a wòrdu benta den un kampo di bataya
I tabata parse ku mi no ta tin chèns pa gana
Mi a purba negoshá keriendo ku mi pèrdida por a wòrdu evitá
I ora mi doló a bira eminente
Ta masha proyekto a nase den mi mente
Por ta si maske ta unu wòrdu lográ
E viktoria akí por yuda mi lubidá
E doló di mi pèrdida?
Pero enbano....e bataya a kontinuá

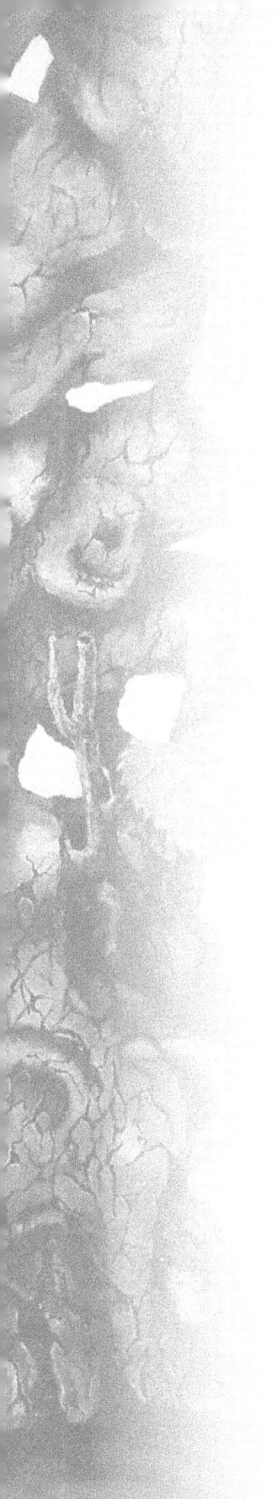

Ku mi delaster forsa mi a sigui bringa i batayá
Ku mi delaster rosea mi a grita desesperá
Tin un hende ku por siña mi e strategia
Kon pa bringa i haña mi viktoria
Promé mi pèrdè mi último energia?
Por fabor.....siña mi e strategia!

MI TA KLA

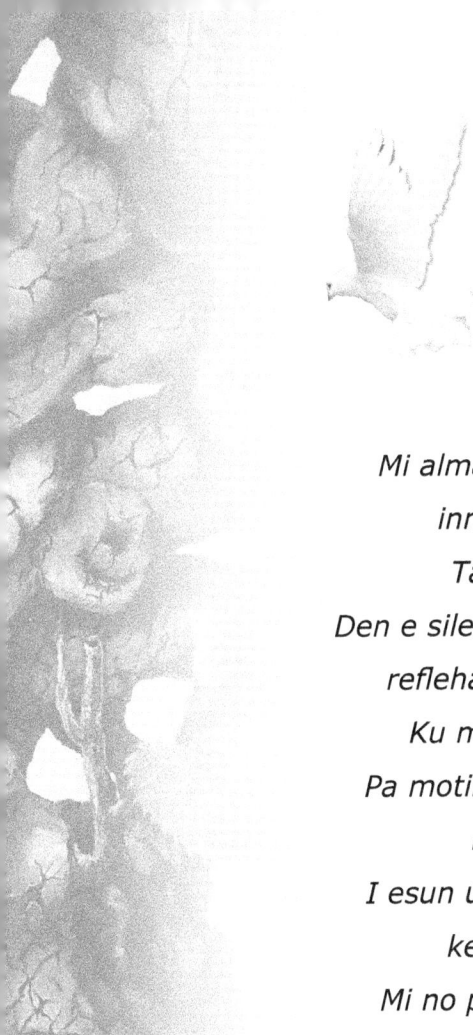

Mi alma a yega suela i un
inmenso silensio
Ta loke a keda
Den e silensio ei mi ta reflehá i
reflehando mi ta realisá
Ku mi tin ku laga lòs
Pa motibu dje krenchi forsa
ku tei ainda
I esun úniko rayo di lus ku
ketu bai ta bria
Mi no por sigui tene mas
Mi mester aseptá e realidat
Mi ta habri mi mannan i laga
bai

I mes ora e karga inmenso
Ku tabata riba mi lomba ta kai
Mi por hala rosea atrobe
I ta eksperensiá un freskura,
manera ora awa a kaba di yobe
Leu aya ainda mi ta
detektá mi doló
Pero mi kurason i mente ta
kla pa aseptá
Ku apesar di mi pèrdida,
mi ta kla pa kontinuá
Stap pa stap lo mi lanta bèk
I maske debes enkuando mi
tambaliá

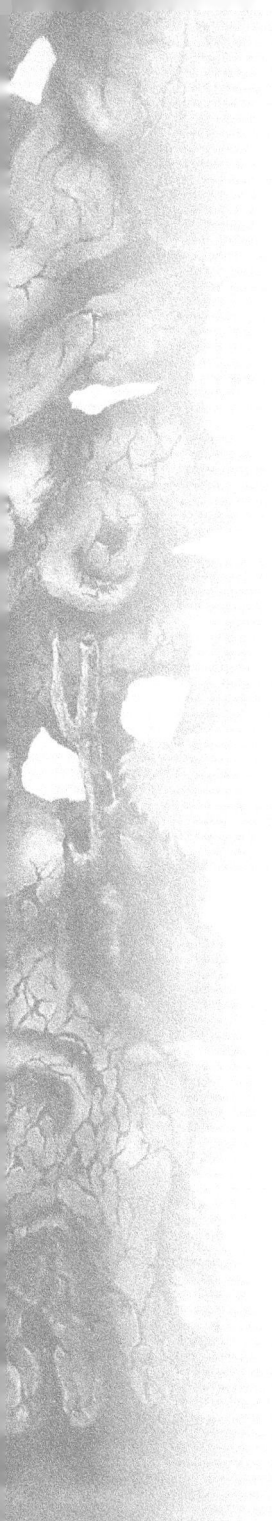

Esun ku tin mi man tene lo no
laga mi brongosá
Mi por len riba djE
Pasobra t'E mes a primintí
Ku lo E karga mi te den
mi behes
Ata m'a haña e yabi! Si,
ta E ta mi yabi
Esun ku a entregá tur kos pa E
por a salba mi.

BO LUGÁ

Ora bo sinti bo kansá i fadá
Ora bo sinti bo molestiá
Ora bo sinti bo rabiá i bo no sa
kon pa ekspresá
Ora bo ta desepshoná
Bo goso a wòrdu hòrtá
Bo pas a disparsé i bo no
sa unda pa kue
Mi ke enkurashá bo pa
no desesperá
Mi ta konsehá bo un
tremendo lugá
E pasashi ta pòrnada
Bo no tin mester di paga,
simplemente presentá i lo bo
wòrdu transformá

*Bo estadia no tin límite. Bo por
keda kuantu ku bo ke
Oké, bo ta kla? Pasó bo biahe
tei kuminsá
Aha, bo ke sa nòmber dje lugá
Su nòmber ta:
"E brasanan di bo Señor".
Einan tin masha hopi amor
Pas na abundansia,
goso k'un ta kaba
Konsuelo i pordon lo ta bo
alimentashon*

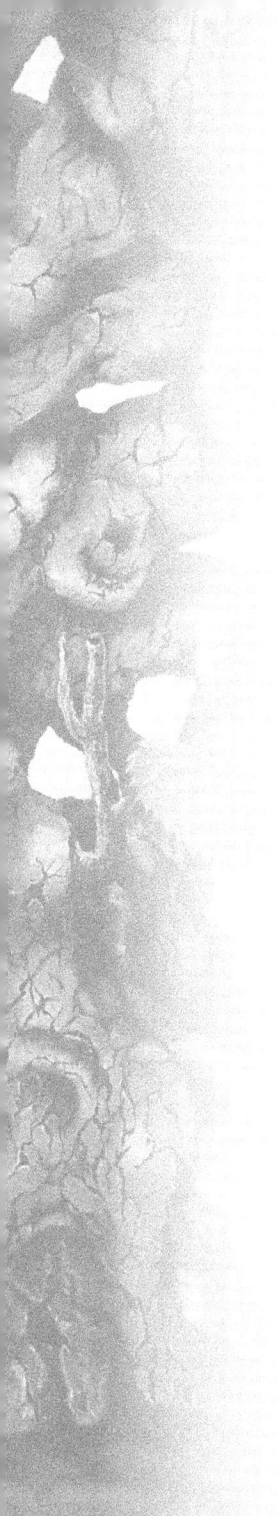

Lo no dura muchu i lo bo risibí
forsa renobá
P'asina bo ta kla pa por
enfrentá
Tur loke riba bo kaminda
presentá
Awor si bo ta kla?
Oké, lag'e biahe kuminsá!

AWANAN DI WOWO

Awanan di wowo....unda
boso ta
Ya ta hopi tempu ku boso
tin mi bandoná
Den tur huki, den tur skina mi
ta buska boso desesperá
Pero ta parse ku boso a hui i
no por wòrdu enkontrá
Ta manera ora un kranchi
awa ta habri
Anto e slan tin un doblá
Si dura muchu mas
Mi kurason ta eksplotá
Mi boka no ke habri
Palabranan no ke sali

Ta boso ta mi úniko salida
Pa mi por ekspresá e loke
den mi ta biba
O Señor mi Dios
Bin na mi yudansa
Mi a lesa den Bo Palabra
Ku kada aw'i wowo Bo ta fangu
Pasobra ta nan ta bisa Bo
Loke mi boka no por konta Bo
O Señor mi Dios
Bini na mi yudansa
Mi no ke mi alma desmayá
Promé na Bo mi konfesá
Pasó mi ke wòrdu liberá
Pa mi sanashon por tuma lugá.

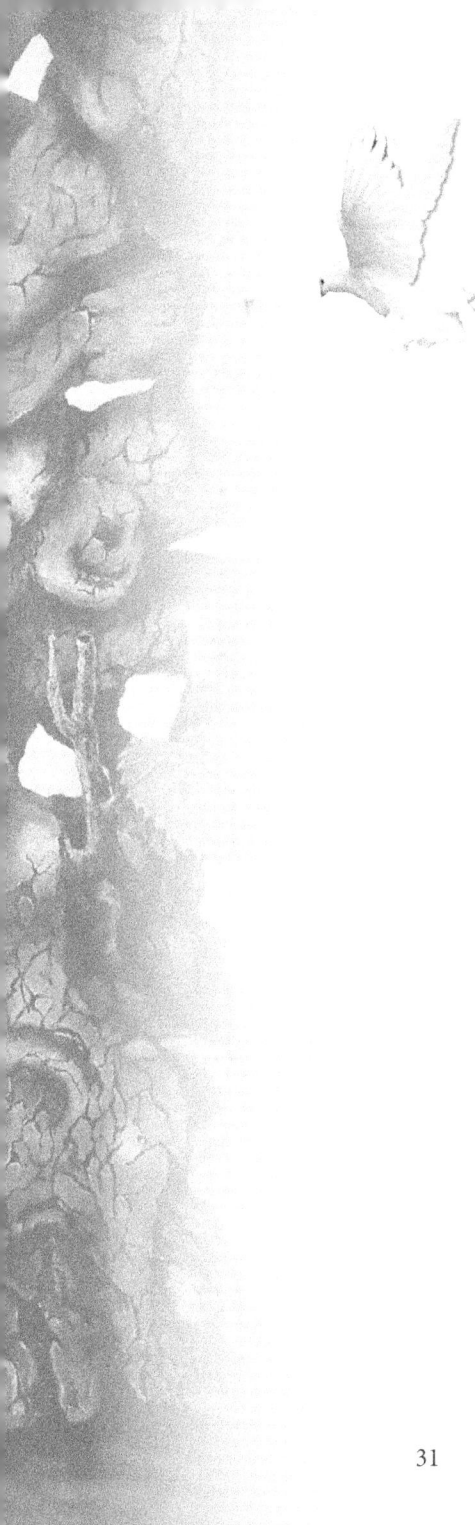

LAGA LÒS.......

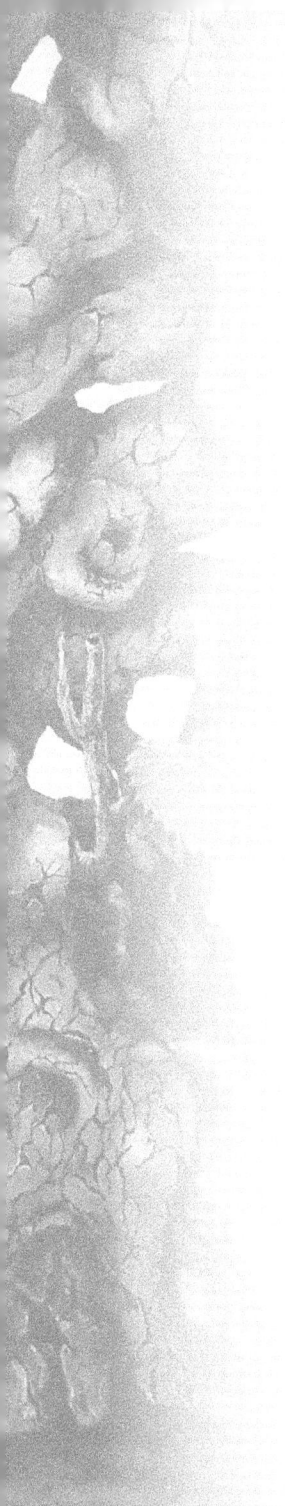

Dikon sigui wak bèk?
Si loke ya a tuma lugá
Ta un echo ku no por wòrdu kambiá?
Dikon sigui insistí
Si loke a wòrdu pèrdí
Tòg nunka mas lo bo no risibí?
Dikon sigui lamentá
Si e loke no a wòrdu hasí
No ta algu ku ainda lo por wòrdu kumplí?
Dikon no arepentí i aseptá pordon?
Dikon no pordoná e otro i pordoná bo mes

Anto tuma kurashi, ánimo i determinashon
Serka Esun ku di bèrdat, ta E so konosé bo kurason?
LAGA LOS…………..
Siña dje fayonan bo tras i pusha bai dilanti
Pa bo alkansá halturanan signifikante
Fiha bo bista i bo kurason riba djE

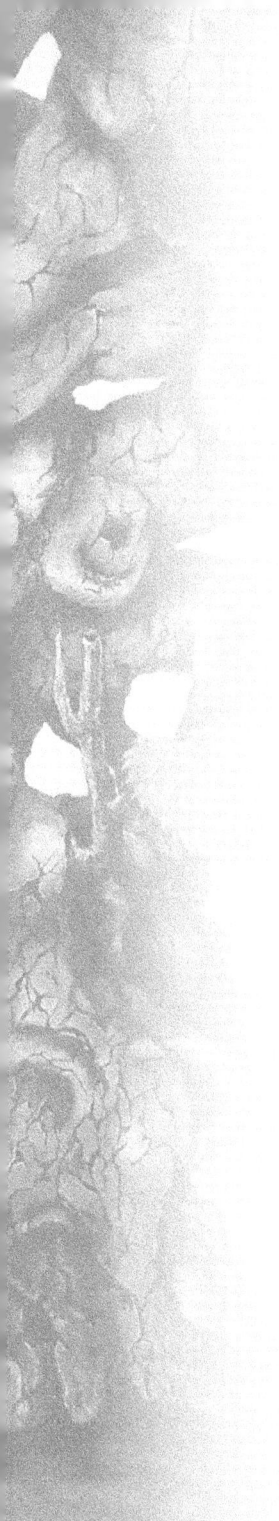

Enfrentá kada dia sabiendo ku
ta un bendishon di djE
Pasobra kada dia ta un
oportunidat nobo
Pa alkansá bo metanan i
finalmente kumpli ku bo
mishon
P'esei bo a wòrdu kreá
Sea esun ku Dios ke pa bo ta.

PROFUNDIDAT

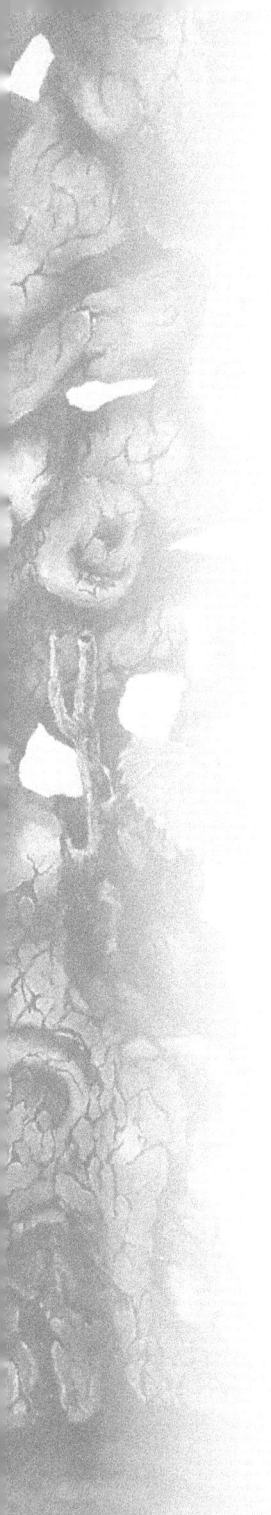

Si mi keda drif ariba
Ta awa so lo mi keda mira
Ola grandi por tapa mi
I asta tin chèns ku l'e por hoga mi
Si mi dùik bai abou
I sondea e profundidat dje awa blou
Lo mi enkontrá un paraiso
Ku nunka lo mi a mira na superfisio
Profundisá den e Palabra di Señor

Tur dia studi'é ku gran fervor
Meditá i memorisá te ora un parti di bo e ta
Lo bo enkontrá e tesoro di Dios
Ku den Su amor El a prepará pa nos
I ora e olanan di prueba presentá
Seguramente lo bo triunfá
Pasobra meskos ku e awa di laman

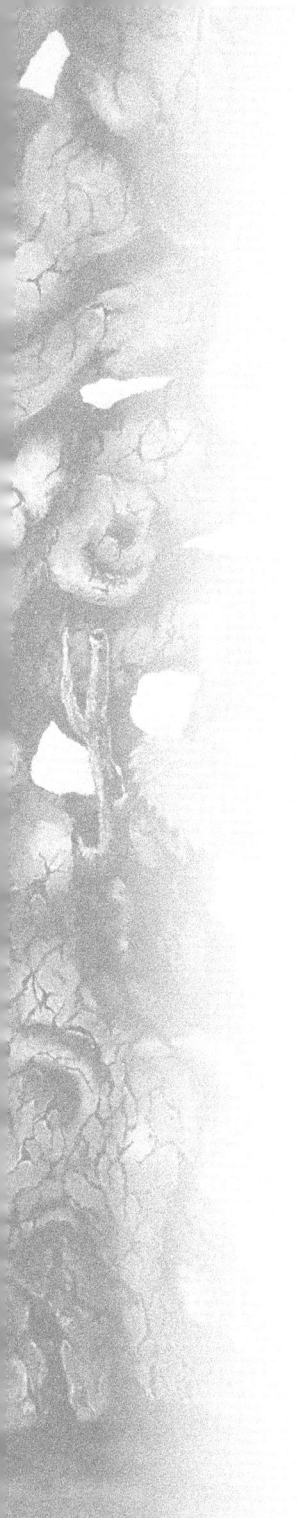

E Palabra di Dios lo tin bo rondoná
Subi ola…..kon haltu ku bo ke
Ami si no tin miedu di dje
Ta den e Palabra mes m'a les'e
Dios tin mi den Su man tené
I nada ni niun hende por ranka mi fo'i djE.

MI NO POR MAS

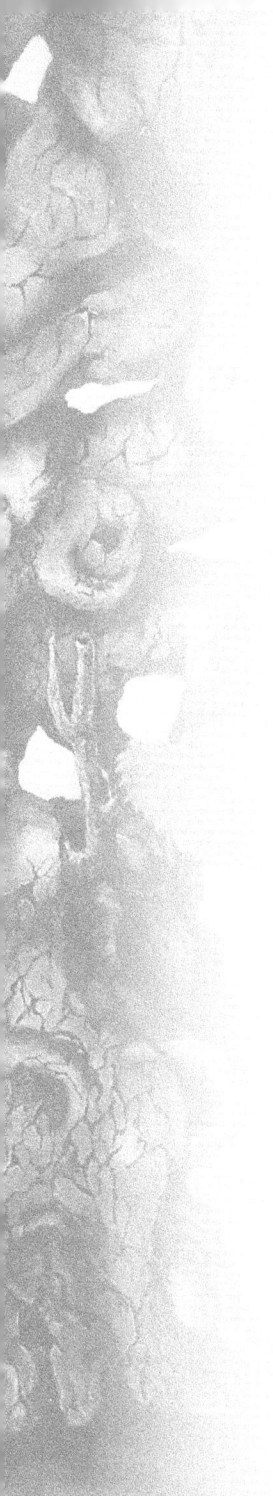

Pakiko sigui nenga, pakiko sigui rabia?
Pakiko sigui lucha, pakiko sigui bringa?
Nan a yuda mi haña solushon?
Ah?
NO!! Solamente mas desepshon.
Un tristesa profundo a kue rais den mi kurason
I su palu a pari un fruta marga, yamá.... depreshon
Ya mi no ke atendé ku niun hende ni tampoko niun situashon

*Mi a lanta un muraya haltu ku
ta rondoná mi di tur banda.....
Isolashon
No konsolá mi, no enkurashá
mi
No papia ku mi, no bisa
mi nada. Tòg nan tur ta
palabranan bashí
Bèlnan ku ta zona i nan
zonidu... ta bai pèrdí
Awor si mi lus a paga i skuridat
ta rondoná mi di tur banda
Doló i sufrimentu ta goberná mi
bida. Mi a drenta un kaya sin
salida
Ta basta, mi ta benta mi
sèrbètè den rin.....*

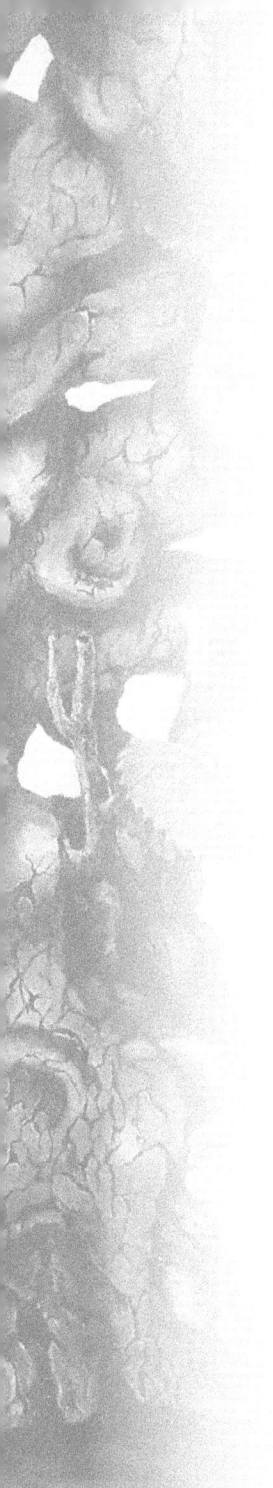

*Segun mi alma ta yegando
suela
Djaleu aya mi ta skucha zonido
di fiesta
Ta mi enemigunan ta regosihá,
awor ku mi a wòrdu derota?
Desesperá mi ta lucha i logra
hisa un man
Por ta tin unu ku ke yuda mi
lanta fo'i djakinan?
Pasobra maske depreshon
A tuma kontròl di mi kurason
Ainda tin un lus chikitu sendé
Dunando mi e speransa ku
kisas...
tòg mi por logr'é
Por fabor.... duna mi un man!*

MI ERENSIA

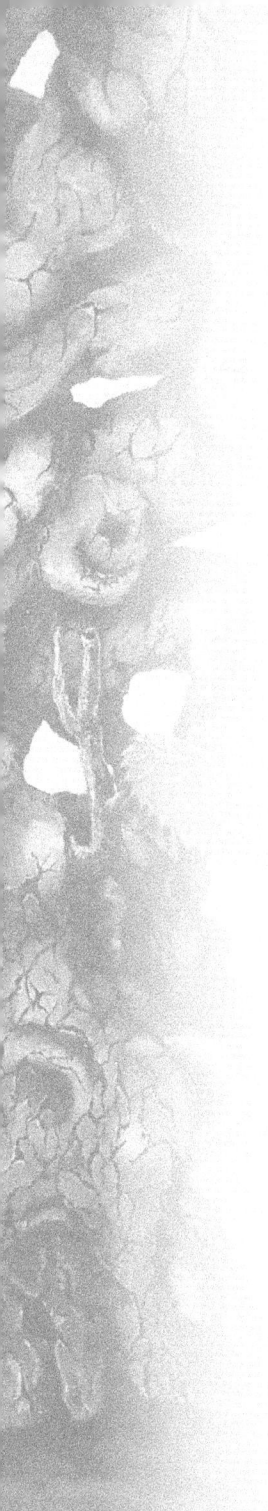

Un manshon, outo, plaka. Mi Erensia!
Hoyanan impreshonante
Trahá di pèrla, oro i djamanta.
Mi erensia!
Kapasidat pa studia i bira un muhé importante. Mi erensia!
Ta fo'i tata, mama i tambe wela
Ai ta un tanta grandi a muri i laga keda.
Ta mi erensia!
Maske kuantu mi a purba
Te ainda nunka mi a logra.
Problema finansiero
Ta manera biba na mi porta.

Por ta, ta mi erensia?
Malesa ta asotá mi, unu tras di otro
Yunan rebelde ta serka di hasi mi loko. Kisas ta mi erensia?
Mi bida no ta konta. Mi ta sin balor
Fo'i dia mi a wòrdu abusá
T'esaki ta mi erensia?
Físikamente i mentalmente maltratá
Asta mi identidat mi a lubidá
Kos sekreto pa hopi tempu
Kon mi ta hasi kibra e silensio?
Señor mi Dios!....T'esaki ta mi erensia?
Nò mi yu, NO!

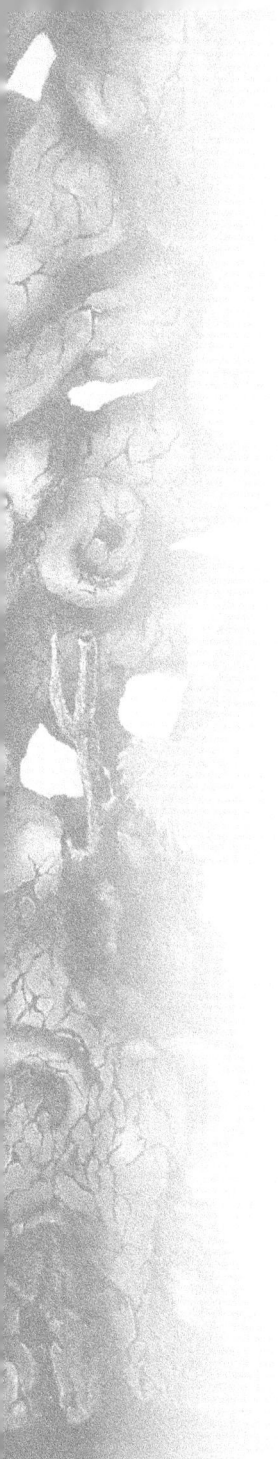

*Masha tempu Mi ta anhelá
Pa bo basha bo kurason
manera awa dilanti Mi
Ta pa bo mi a krea e
momento akí
Para ketu i realisá
Ku si bo ta Mi yu
Anto ta Mi eredero bo ta
Na bo a wòrdu duná
Tres arma poderoso pa
medio di kua
Awe bo kadenanan lo
wòrdu kibrá
E nòmber di Hesus, e sanger
di Hesus i e Palabra di Bèrdat
Lanta, lucha i wòrdu liberá*

Kibra tur e kadenanan di e mal
erensia ku tin bo mará
Mi erensia pa bo ta
Felisidat i no desgrasia
Goso real ku ta kore ku
tur rabia
Tur ku ta teme Mi lo
eredá e tera
Lo mi dun'e pas,
honor i rikesa awor
I finalmente e erensia selestial
Kual ta bida eterno ku bo
Salbador a proveé den
Su gran amor

Si Mi yu,
t'esaki ta bo erensia!

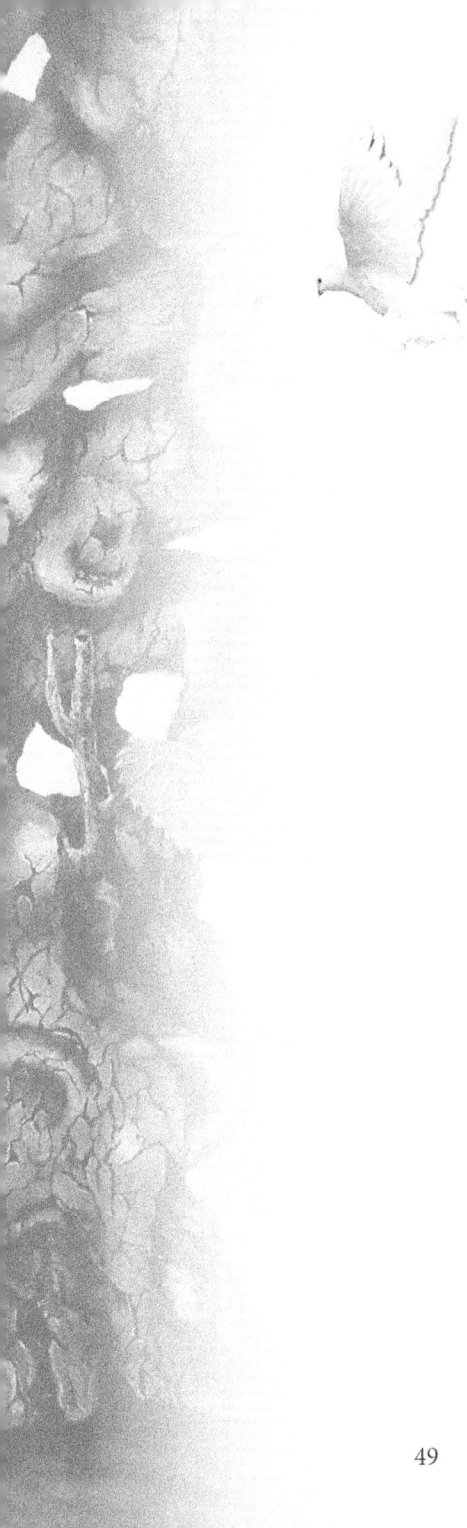

BISTA ÒF FE?

Mi a bin realisá
Ku maske bista ta di sumo importansia
Hopi bia nos wowonan no por kapta
E kosnan di mas importante den nos bida
Ora nochi sera mi no por mira e solo
Pero ta su influensia ta preservá e naturalesa
Mi no por mira bientu,
pero tòg e ta refreská mi kurpa
Mi no por mira oksígeno,
pero sin dje mi no por biba
Tòg hende ke mira promé nan kere

Nò! Hende ta skohe ki ora nan
ke mira promé nan kere
Loke ta kumbiní nos ta
kere sin mira
I loke no ta kumbiní nos
ta kuestioná
Deklarando ku ta te ora nos
mira nos ta kere
Mi a realisá ku esaki no
ta kumbiní
E ta kosta mi demasiado
energia pa diskutí
Fòrsando mi mente pa
diskubrí un fórmula
Anto tur esaki sin keda kla
Mi ta bai bula den e riu di Fe,

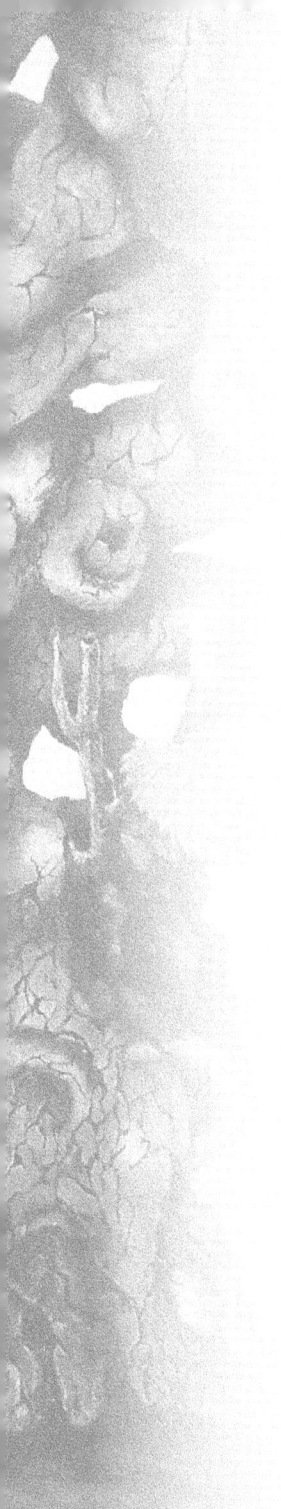

kere loke mi no ta mira
Konfia ku loke mi ta spera
ariba, seguramente lo sosodé
E eksperimento akí a
duna mi pas
I kombiná ku pasenshi mi a
logra hopi mas
Mi ke invitá bo pa bo
tambe purb'é
Bo no tin nada di pèrdè
Pasó tur kos ta posibel pa esun
ku tin Fe

PAS

Kiko ta pas?
Kietut sin estorbo?
Soño sin pesadia?
Trabou sin preshon?
Laman sin ola?
Áwaseru sin bos?
Kiko ta pas anto?
Viktoria sin bataya?
Un biahe sin turbulensia?
Kareda sin kompetensia?
Kaminda sin opstákulo?
Un bida sin reto?
Nò, pas no ta mará na sirkunstansia
Nò, pas no ta kai, lanta.
Pas ta produkto di konfiansa
Pas ta fruta di siguransa.
Pas su rais ta fe

Pas semper ta permanesé,
No opstante sirkunstansianan desfavorabel
Ku nos ta pasa den dje
Awor, konfiansa, siguransa
i fe den ken?
Den e Prínsipe di pas
Ku a laga pa nos un ehèmpel atras
El a soportá doló,
sufrimentu i inhustisia
I maske El a lucha ku ansha di morto
Tòg..... na final El a logra mantené Su pas
Awor ta kos posibel pa hende?
T'e pregunta ei a pasa den bo mente?

Difísil por ta, pero....
imposibel....Nunka!
Tata a primintí ku lo E no duna
nos un karga muchu pisá
Ku nos no por karg'é
Anto Spiritu Santu ta duna nos
grasia pa nos por alkans'é

Ta e mes a deklará:
Mi pas Mi ta laga pa boso
Mi pas mi ta duna boso

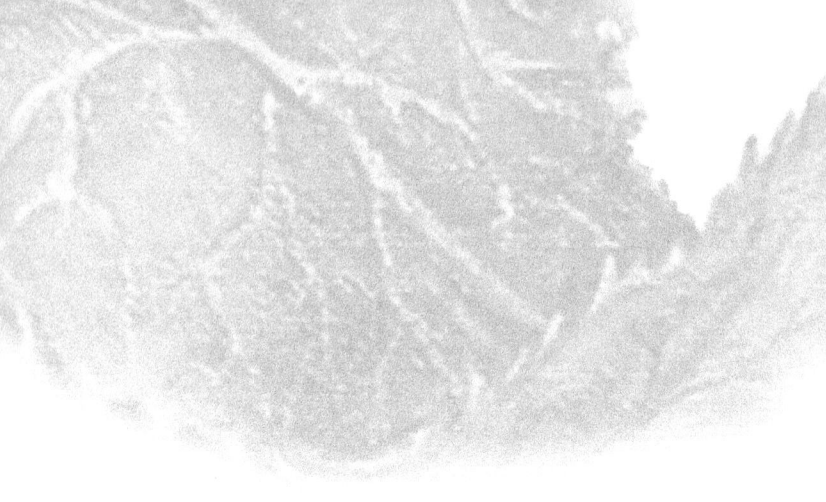

PAS…….
Hende ku no tin Dios,
nunka lo eksperensi'é
Pero abo i abo i ami ku tin Dios,
pa medio di fe, ya nos tin n'e
PAS! Bo tambe por alkans'é

www.ingramcontent.com/pod-product-compliance
Lightning Source LLC
Chambersburg PA
CBHW041152110526
44590CB00027B/4200